BEI GRIN MACHT SICH IHR WISSEN BEZAHLT

- Wir veröffentlichen Ihre Hausarbeit,
  Bachelor- und Masterarbeit

- Ihr eigenes eBook und Buch -
  weltweit in allen wichtigen Shops

- Verdienen Sie an jedem Verkauf

Jetzt bei www.GRIN.com hochladen
und kostenlos publizieren

G R I N ☺

Trainingsplanung zum gezielten Muskelaufbau bei einer 20-jährigen Person

GRIN ☺

Bibliografische Information der Deutschen Nationalbibliothek:

Die Deutsche Nationalbibliothek verzeichnet diese Publikation in der Deutschen Nationalbibliografie; detaillierte bibliografische Daten sind im Internet über http://dnb.d-nb.de abrufbar.

ISBN: 9783346869616
Dieses Buch ist auch als E-Book erhältlich.

Druck und Bindung: Books on Demand GmbH, Norderstedt Germany
Gedruckt auf säurefreiem Papier aus verantwortungsvollen Quellen

Das vorliegende Werk wurde sorgfältig erarbeitet. Dennoch übernehmen Autoren und Verlag für die Richtigkeit von Angaben, Hinweisen, Links und Ratschlägen sowie eventuelle Druckfehler keine Haftung.

Das Buch bei GRIN: https://www.grin.com/document/1354984

Deutsche Hochschule für

Prävention und Gesundheitsmanagement

Hermann Neuberger Sportschule 3

66123 Saarbrücken

Einsendeaufgabe

Fachmodul: Trainingslehre 1

Studiengang: Fitnessökonomie

Inhaltsverzeichnis

1 Lösung Aufgabe 1 – Diagnose

1.1 Lösung Teilaufgabe 1.1 Allgemeine und biometrische Daten

Tab.1: Allgemeine und biometrische Daten des Kunden (eigene Darstellung)

Allgemeine Daten		
Alter	20 Jahre	
Geschlecht	Männlich	
Körpergröße	180cm	
Körpergewicht	88KG	
Trainingsmotiv	Muskelaufbau/Hypertrophie	
Berufliche Aktivität	Dualer Student; 30std/Woche im Betrieb	
Aktuelle Sportliche Aktivität	6x Woche Krafttraining	
Frühere sportliche Aktivität	Langstreckenlauf 5-6x Woche auf Leistungssportniveau (60-70KM/Woche)	
Zeitlicher Verfügungsrahmen	7 Tage die Woche	
Biometrische Daten		
Körperfettanteil	**Momentaner KFA des Kunden**: Ca. 17% **Niedrig**: <8%, **Normal**: bis 19,9%, **Hoch**: bis 24,9	
Blutdruck	**Normalblutdruck:** alles Werte zwischen <120mmHg-139mmHg Systole und <80mmHg-89mmHg Diastole.	**Blutdruck des Kunden:** 115mmHg/70mmHg
Allgemeiner Gesundheitszustand	Leichter Knick-Senkfuß, sonst keinerlei Gesundheitliche Einschränkungen, keine medikamentösen Einnahmen notwendig und auch keinerlei Fehlhaltungen.	
Belastbarkeit/Trainierbarkeit der Person	Person bringt ausgezeichnete Voraussetzungen mit und ist in exzellenter physischer und psychischer Verfassung. Folglich kann sie intensiv belastet werden.	

1.2 Lösung Teilaufgabe 1.2 Krafttestung

Auswahl der Testmethode

Entschieden wurde sich für einen 1-RM-Test bei der Übung Langhantel Flachbankdrücken, da der Kunde aufgrund seiner mehr als 3 Jährigen Trainingserfahrung im Krafttraining dazu in der Lage ist, kurzzeitige Maximalkraftbelastungen zu bewältigen und auszuhalten.

Detaillierter Testablauf

In einer zweiwöchigen Vorbereitungsphase bereitete der Kunde sich gezielt auf die bevorstehende Maximalkraftbelastung vor. Dies tat er, indem er sich sukzessiv von seinem klassischen Wiederholungsbereich, von 10-12 Wiederholungen bei ca. 70-80% Krafteinsatz des geschätzten 1-RM, in einen niedrigeren Wiederholungsbereich einarbeitete, bis er letztendlich bei 3 bis maximal 5 Wiederholungen, beim Bankdrücken, angekommen war. Parallel dazu stieg so natürlich auch die Intensität des Bankdrückens an, da es weniger Wiederholungen auszuführen galt. Der Krafteinsatz stieg so auf 90-95% seiner bisherigen geschätzten 1-RM. Dadurch konnte gewährleistet werden, dass am Tag des Testes keine Verletzungen beim Kunden, durch zu hohe ungewohnte Belastungen auftreten. Das restliche Training blieb hierbei unverändert und lief normal weiter. Am Tag des 1-RM Testes, wurde zunächst mit einem allgemeinen Aufwärmen begonnen, welches für 10 Minuten am Crosstrainer vollzogen wurde. Die Herzfrequenz sollte hier ca. bei 140 Schlägen pro Minute liegen. Anschließend erfolgte dann das spezielle Aufwärmen, bei dem der Fokus darauf gelegt wurde, die für das Bankdrücken notwendigen Muskelpartien, also den M. pectoralis major, den M. deltoideus pars clavicularis und den M. triceps brachii entsprechend zu erwärmen. Hier wurde zunächst ein Satz nur mit der Stange ausführte, um sich mental in die Situation hinein versetzen zu können und die eben genannte Muskulatur aufzuwärmen. Es wurde stets darauf geachtet, dass die Ausführung auch ohne Gewicht so technisch perfekt wie möglich war. Daraufhin folgte dann ein nächster Aufwärmsatz mit 60 KG bei 5 Wiederholungen um die Muskulatur nun auch vom Aspekt der Belastungsintensität gut vorzubereiten. Der Kunde bewältigte dies ohne Probleme. Da nun das Aufwärmen abgeschlossen war, folgte nun die eigentliche 1-RM Testung. Es wurde nun ein erster Testsatz mit 70 KG für 2 Wiederholungen durchgeführt. Der Kunde absolvierte auch diesen weitgehend Problemlos. Nun wurde zum zweiten Testsatz des 1-RM Tests übergegangen. Das Gewicht wurde auf 80KG erhöht und nach 3 Minütiger Pause fing der Kunde mit der Ausführung, des Satzes an. Das Herausheben sowie die Extension der Stange verliefen ohne Probleme. In den ersten Zentimetern der konzentrischen Phase jedoch, hatte der Kunde zunächst Schwierigkeiten die Stange zu bewegen, hat es aber schließlich ohne fremde Hilfe bewältigt. Es wurde eine 3 Minütige Satzpause gemacht und anschließend das Gewicht um 3,5%, also um 2,5 KG, erhöht. Das ist vergleichsweise mit den Empfehlungen von 0,5-1% eine relativ große Steigerung, jedoch lies die begrenzte Auswahl an Hantelscheiben keine kleinere Steigerung zu. Bei dem dritten Testsatz hatte der Kunde erneute Probleme in der Konzentrischen Phase und nur durch Hilfe von außen gelang es ihm die konzentrische Phase zu bewältigen. Der Versuch mit 82,5KG wurde deshalb als „ungültig" gewertet und somit resultiert eine 1-RM von 80KG beim Flachbankdrücken.

Tab. 2: Darstellung der Testgewichte des 1-RM Tests (eigene Darstellung)

Art des Satzes	Gewicht in Kilogramm	Wiederholungsanzahl
Spezifisches Aufwärmen 1	20	20
Spezifisches Aufwärmen 2	60	5
Testsatz 1	70	2
Testsatz 2	80	1
Testsatz 3 (ungültig)	82,5	1 (mit Hilfestellung des Trainers)

Schlussfolgerung für weitere Trainingssteuerung des Kunden

Um die Ergebnisse des Testes nun sinnvoll in die Trainingsplanung des Kunden mit einzubauen, muss man in diesem Fall zwei sehr wichtige Faktoren beachten. Zum einen die Trainingserfahrung. Der Kunde bringt im Kraftsport schon mehr als 3 Jahre Erfahrung mit und ist daher sehr Belastungsfähig bzw. Belastungsresistent geworden. Zum anderen handelt es sich bei dem Kunden um einen Muskelaufbau interessierten Athleten der hierauf den maximalen Fokus legen möchte. Das heißt für ihn ist die Steigerung der Gewichte nicht das Ziel seines Trainings, da er auch mit geringem Gewicht Muskulatur aufbauen kann. Allerdings muss hier hinzugefügt werden, dass eine progressive Steigerung der Gewichte immer auch mit einer stärker werdenden Muskulatur einhergeht und somit ein guter Anhaltspunkt für den Kunden sein kann, dass seine Muskulatur wächst und er seinem Ziel des Muskelaufbaus näher kommt.

Aus diesem Gesichtspunkt wäre es durchaus sinnvoll in Zeitabschnitten von ca. 4-6 Monaten regelmäßige 1-RM Testungen durchzuführen, um einen groben Richtwert zu bekommen, ob denn überhaupt Progression erzielt und dementsprechend adäquat trainiert wird. Anders wäre dies nun bei einem Athleten mit dem Motiv des Kraftdreikampfes. Hier wäre ein gut durchdachtes System mit Progressiver Überladung, regelmäßigen Checks, sowie Entlastungswochen zwingend notwendig, um so den Erfolg zu garantieren, und am Wettkampftag dementsprechend voll Leistungsfähig zu sein.

Vergleicht man die Ergebnisse des Kunden nun mit verbreiteten Standardwerten fürs Bankdrücken, so sieht man, dass diese leicht unterdurchschnittlich sind. Für sein Alter sollte eine gut trainierte Person das eigene Körpergewicht problemlos bewältigen können. Da der Kunde allerdings 88 Kilogramm wiegt und nur 80 bewältigt hat, lässt ihn das daher leicht unterdurchschnittlich abschneiden. Es wäre dennoch am sinnvollsten, den Kunden weiterhin, in einem Intensitätsbereich von 60-85% seines 1-RM trainieren lassen, um für ein optimales Muskelwachstum zu sorgen und somit sein individuelles Ziel zu erreichen. Sinnvoll wäre es ebenfalls, seine Mesozyklen bspw. in längere und reine Hypertrophiezyklen, sowie in kürzere und auf Maximalkraft ausgelegte Zyklen zu unterteilen, um so den Muskeln und vor allem dem Kunden eine gewisse Abwechslung zu bieten.

Zum anderen sollte dem Kunden mitgegeben werden, dass eine progressive Überlastung, also die lineare Steigerung seines Arbeitsgewichts bei seiner Trainingserfahrung, sehr wahrscheinlich zu einer stärker werdenden Muskulatur führt, da seine intramuskuläre Koordination schon sehr fortgeschritten ist.

2 Lösung Aufgabe 2 – Zielsetzung/Prognose

Anhand der bereits erhobenen Daten des Kunden lässt sich das Ausmaß der möglichen Ziele gut bestimmen. Der Blutdruck des Kunden befindet in einem ausgezeichneten Bereich. Generell weißt der Kunde aufgrund seiner leistungssportlichen Erfahrung im Ausdauerbereich einen exzellenten Ruhepuls von ca. 45 Schlägen pro Minute auf, was ebenso für eine gute Fitness und Belastungsfähigkeit spricht.

Tab. 3: Zielsetzung und Prognose (eigene Darstellung)

Zielsetzung		
Inhalt des Ziels	**Ausmaß des Ziels**	**Zeitraum des Ziels**
Steigerung des 1-RM Gewichts beim Bankdrücken.	Steigerung um 10KG bzw. um 12,5% ausgehend von der letzten Testung. Um dies zu erreichen wird in den Mesozyklen zwischen verschiedenen Bankdrück-Methoden gewechselt.	Von der letzten Testung ausgehend 6 Monate.
Reduzierung des Körperfettanteils.	Es sollen 5% Körperfett verloren gehen. Von 17% auf 12%.	6 Monate bei einem geringen und konstanten Kaloriendefizit von ca. 500-600 Kalorien pro Tag.
Genereller Muskelaufbau am gesamten Körper trotz Kaloriendefizit aufrecht erhalten.	Ca. 200g Muskulatur im Monat. (1,2KG in 6 Monaten)	6 Monate bei angepasster Ernährung und intensivem Training.

3 Lösung Aufgabe 3 – Trainingsplanung Makrozyklus

Tab. 4: Trainingsplanung Makrozyklus (eigene Darstellung)

Makrozyklus (32Wochen): Muskelaufbauorientiert				
Zyklusdauer	Mesozyklus 1 12 Wochen	Mesozyklus 2 4 Wochen	Mesozyklus 3 12 Wochen	Mesozyklus 4 4 Wochen
Spezifisches Trainingsziel	Muskelaufbautraining (extensiv)	Muskelaufbautraining (intensiv)	Muskelaufbautraining (extensiv)	Muskelaufbautraining (intensiv)
Anzahl Trainingseinheiten pro Woche	6	6	6	6
Organisationsform	3er Split 2x pro Woche	3er Split 2x pro Woche	3er Split 2x pro Woche	3er Split 2x pro Woche
Anzahl Übungen pro Muskelgruppe	2-4	2-4	2-4	2-4
Anzahl Sätze pro Übung	3-4	3-4	3-4	3-4
Satzpausen	90-120 Sek.	90-120 Sek.	90-120 Sek.	90-120 Sek.
Wiederholungsanzahlen	8-12	6-10	8-12	6-10
Intensitätsbereich	70-80% der 1RM	80-90% des 1RM	70-80% des 1RM	80-90% des 1RM
Bewegungs-Tempo	Kontrollierte Exzentrik und Konzentrik (2-0-2)	Kontrollierte Exzentrik und Konzentrik (2-0-2)	Kontrollierte Exzentrik und Konzentrik (2-0-2)	Kontrollierte Exzentrik und Konzentrik (2-0-2)

Die übergeordnete Krafttrainingsmethode basiert auf der 1-RM Methode, wobei die theoretische 1-RM mithilfe von Formeln berechnet wird, um so nicht für jede Übung eine 1-RM Testung durchführen zu müssen. Es wurde sich, speziell beim 1-RM Tests des Bankdrückens für diese Krafttrainingsmethode entschieden, da der Kunde einen sehr Belastungsfähigen Eindruck macht und er somit kurzzeitige Maximalkraftbelastungen ohne Probleme kompensieren kann. Wäre dies nicht der Fall, so wäre die X-RM Methode sinnvoller gewesen, um Verletzungen bzw. Überbelastungen zu vermeiden.

Der gesamte Makrozyklus wurde insgesamt in 4 Mesozyklen aufgeteilt. Zwei Mal wird der Fokus auf Muskelaufbau extensiv und zwei Mal auf Muskelaufbau intensiv gelegt. Dies wurde aufgrund dessen so geplant, da der Kunde explizit den Wunsch geäußert hat, so effizient wie möglich, möglichst viel Muskulatur aufzubauen. Es würde nur wenig Sinn machen hier eine reine Maximalkraftperiode mit maximal 1-3 Wiederholungen einzubauen, da hier die „Time Under Tension" zu gering wäre, um ein optimales Muskelwachstum auszulösen.

Auch Burd et al. kam in seiner Studie aus dem Jahr 2011 zu der Erkenntnis, dass eine längere Time Under Tension bis zu einem gewissen Maß zu einem besseren Muskelwachstum führt als eine kürzere. Der Kunde verfügt bereits über eine gute intra- und intermuskuläre Koordination, weshalb ein Mesozyklus mit einem Kraftausdauer Block zum Einstieg ebenfalls wenig Sinn machen würde, da sich der Kunde bereits schon an hohe Trainingsbelastungen gewöhnt hat und deshalb keine muskuläre Eingewöhnungsphase ins Krafttraining mehr benötigt. Die hohe Frequenz von 6 Einheiten pro Woche wurden mit dem Gedanken in die Trainingsplanung integriert, da so jede Muskelpartie je zwei Mal in der Woche einen Stimulus erhält und so einmal 48 Stunden und dann noch einmal 72 Stunden Zeit hat sich für die nächste Trainingseinheit zu regenerieren. (Schoenfeld, B., Ogborn, D. & Krieger, J., 2016) Dies ist auch in etwa die Länge, der durch den Muskelreiz ausgelöste Muskelproteinsynthese, die den Muskel leistungsfähiger und dicker macht. Dies geht auch aus der 2006 durchgeführten Studie von Miller hervor. Hier wurde nach intensivem Krafttraining eine Steigerung der Muskelproteinsynthese festgestellt, die bei 24 Stunden nach dem Training ihren Höhepunkt erreichte und bis teilweise 72 Stunden anhielt.

Da der Kunde auf Grund seiner Trainingserfahrung vom gesamten aktiven und passiven Bewegungsapparat her schon sehr gut an Trainingsbelastungen angepasst ist, kann durch solch einen Trainingssplit zum einen mehr Trainingsvolumen auf die einzelnen Muskelpartien ausgeübt werden und zum anderen aber auch intensiver und gezielter trainiert werden, da die einzelnen Trainingseinheiten vom Zeitlichen Aspekt her, nicht zu viel Zeit in Anspruch nehmen, was sich darüber hinaus auch einen niedrigeren Cortisolspiegel begünstigt. So kann die beanspruchte Muskulatur am darauffolgenden Tag regenerieren, auch wenn gerade die antagonistischen Muskelpartien trainiert werden. Dies begründet sich auch auf der Grundlage der positiven Anpassungserscheinung der Superkompensation, welche besagt, dass der Muskel nach einem Trainingsreiz zunächst schwächer wird, sich jedoch dann durch positive Anpassungserscheinungen, stärker wieder aufbaut und belastungsfähiger wird.

Für die Anzahl der Übungen pro Muskelgruppe wurden sich auf 2-3 Übungen festgelegt, um sicher zu gehen, dass die jeweilige Muskulatur auch einen adäquaten Reiz erhält, um zu wachsen. Dies geht einher mit der festgelegten Satzanzahl von 3-4 Sätzen pro Übung. Da der Kunde sich schon im fortgeschrittenen Trainingsstadium befindet, werden teilweise mehr Sätze benötigt, um einen nötigen Überschwelligen Reiz zu setzen, um so das Muskelwachstum anzuregen. Bei weniger Sätzen/Übungen pro Muskelgruppe könnte es passieren, dass zu einer reizunwirksamen Belastung kommt, und der Kunde so zwar seine bisherige Muskulatur erhalten kann, jedoch aufgrund des zu schwachen Reizes keine weitere Muskulatur aufbauen kann. Wie Krieger (2010) in seiner Studie zeigte, ist ein Krafttraining, das pro Übung 2-3 Sätze benötigt, bis zu 40% effektiver was den reinen Muskelaufbau betrifft als lediglich ein Training, bei der jede Übung nur mit einem einzigen Satz ausgeführt wird. Folglich wird so auch die Muskelproteinsynthese besser stimuliert. Die Wiederholungszahl von 8-12 und 6-10 liegt der Zeit zu Grunde, die der Muskel unter Spannung ausgesetzt ist. Man spricht hier von der, wie bereits zuvor erwähnten, „Time Under Tension". Diese Dauer liegt bei 8-12 Wiederholungen bei ca. 20-50 Sekunden. Es wird davon ausgegangen, dass diese Dauer, bei einer Belastungsintensität von ca. 60-85% des 1RM am effektivsten für den Muskelaufbau ist. (Güllich & Schmidtbleicher, 1999, S.229) Alles unter 20 Sekunden würde so zu Maximalkrafttraining führen und alles über 50 Sekunden würde die Trainingsbelastung mehr auf Kraftausdauertraining lenken. Diese Erkenntnis hat zur Folge, dass hier zwischen 70-80% und 80-90% des 1-RM gewechselt wird. Die Pausenzeit zwischen den Sätzen wurde auf bis zu 120 Sekunden festgelegt, da eine längere Pausenzeit einhergeht mit einer besseren ATP-Resynthese welche es wiederrum ermöglicht einen stärkeren Mechanischen Reiz zu setzen, in Form der Bewegung von mehr Last. Dies ist für die Hypertrophie von größerer Bedeutung ist als metabolischer Stress in Form von kürzeren Pausenzeiten. So geht auch aus der 2015 erhobenen Untersuchung hervor, dass eine längere Pausenzeit eine größere Muskelkraft als auch bessere Muskelhypertophie ermöglicht, verglichen mit kürzeren Pausenzeiten. (Schoenfeld, et al.) Darüber hinaus ist eine Reizintensität von 60-85% des 1-RM, bei passender Wiederholungszahl der Effizienteste Weg, um eine Muskelhypertrophie zu erzeugen. (Güllich et al., 1999) Vom Zeitaspekt stellt der Plan keine Herausforderung an den Kunden.

4 Lösung Aufgabe 4 – Trainingsplanung Mesozyklus

Tab. 5: Trainingsplanung Mesozyklus (eigene Darstellung)

„Mesozyklus 2", 4 Wochen: Muskelaufbautraining (intensiv)				
Organisationsform:		3er Split/2x Woche		
Übungen pro Muskelgruppe:		2-3		
Sätze pro Muskelgruppe:		3-4		
Bewegungstempo:		Kontrollierte Exzentrik und Konzentrik (2s-0s-2s)		
Trainingstag/Übungen	Sätze	Wiederholungen	Satzpausen	Intensität (des 1-RM)
Woche 1				
Push Tag 1				
Positives Schrägbankdrücken Langhantel	4	10	90-120 Sek.	80%
Schulterdrücken stehend Kurzhantel	4	10	90-120 Sek.	80%
Flachbankdrücken Kurzhantel	3	10	90-120 Sek.	80%
Seitheben	4	10	90-120 Sek.	80%
Butterfly	3	10	90-120 Sek.	80%
French Press	4	10	90-120 Sek.	80%
Pull Tag 1				
Klimmzüge mit Obergriff	4	10	90-120 Sek.	80%
Langhantel Rudern vorgebeugt	3	10	90-120 Sek.	80%
Latzug mit Obergriff	3	10	90-120 Sek.	80%
SZ-Bizepscurls	4	10	90-120 Sek.	80%
Facepulls	4	10	90-120 Sek.	80%
Hammercurls	4	10	90-120 Sek.	80%
Beine Tag1				
Langhantel Kniebeuge	4	10	90-120 Sek.	80%
Hip Thrusts	4	10	90-120 Sek.	80%
Bulgarian Split Squats	4	10	90-120 Sek.	80%
Hyperextensions	4	10	90-120 Sek.	80%
Wadenheben stehend	4	10	90-120 Sek.	80%
Push Tag 2				
Positives Schrägbankdrücken Langhantel	4	10	90-120 Sek.	82,5%
Schulterdrücken stehend Kurzhantel	4	10	90-120 Sek.	82,5%
Flachbankdrücken Kurzhantel	3	10	90-120 Sek.	82,5%
Seitheben	4	10	90-120 Sek.	82,5%
Butterfly	3	10	90-120 Sek.	82,5%
French Press	4	10	90-120 Sek.	82,5%
Pull Tag 2				
Klimmzüge mit Obergriff	4	10	90-120 Sek.	82,5%
Langhantel Rudern vorgebeugt	3	10	90-120 Sek.	82,5%
Latzug mit Obergriff	3	10	90-120 Sek.	82,5%
SZ-Bizepscurls	4	10	90-120 Sek.	82,5%
Facepulls	4	10	90-120 Sek.	82,5%
Hammercurls	4	10	90-120 Sek.	82,5%
Beine Tag 2				
Langhantel Kniebeuge	4	10	90-120 Sek.	82,5%
Hip Thrusts	4	10	90-120 Sek.	82,5%
Bulgarian Split Squats	4	10	90-120 Sek.	82,5%
Hyperextensions	4	10	90-120 Sek.	82,5%
Wadenheben stehend	4	10	90-120 Sek.	82,5%
Woche 2				
Push Tag 1				
Positives Schrägbankdrücken Langhantel	4	8	90-120 Sek.	85%
Schulterdrücken stehend Kurzhantel	4	8	90-120 Sek.	85%
Flachbankdrücken Kurzhantel	3	8	90-120 Sek.	85%
Seitheben	4	8	90-120 Sek.	85%
Butterfly	3	8	90-120 Sek.	85%
French Press	4	8	90-120 Sek.	85%

Trainingstag/Übungen	Sätze	Wiederholungen	Satzpausen	Intensität (des 1-RM)
Pull Tag 1				
Klimmzüge mit Obergriff	4	8	90-120 Sek.	85%
Langhantel Rudern vorgebeugt	3	8	90-120 Sek.	85%
Latzug mit Obergriff	3	8	90-120 Sek.	85%
SZ-Bizepscurls	4	8	90-120 Sek.	85%
Facepulls	4	8	90-120 Sek.	85%
Hammercurls	4	8	90-120 Sek.	85%
Beine Tag1				
Langhantel Kniebeuge	4	8	90-120 Sek.	85%
Hip Thrusts	4	8	90-120 Sek.	85%
Bulgarian Split Squats	4	8	90-120 Sek.	85%
Hyperextensions	4	8	90-120 Sek.	85%
Wadenheben stehend	4	8	90-120 Sek.	85%
Push Tag 2				
Positives Schrägbankdrücken Langhantel	4	8	90-120 Sek.	85%
Schulterdrücken stehend Kurzhantel	4	8	90-120 Sek.	85%
Flachbankdrücken Kurzhantel	3	8	90-120 Sek.	85%
Seitheben	4	8	90-120 Sek.	85%
Butterfly	3	8	90-120 Sek.	85%
French Press	4	8	90-120 Sek.	85%
Pull Tag 2				
Klimmzüge mit Obergriff	4	8	90-120 Sek.	85%
Langhantel Rudern vorgebeugt	3	8	90-120 Sek.	85%
Latzug mit Obergriff	3	8	90-120 Sek.	85%
SZ-Bizepscurls	4	8	90-120 Sek.	85%
Facepulls	4	8	90-120 Sek.	85%
Hammercurls	4	8	90-120 Sek.	85%
Beine Tag 2				
Langhantel Kniebeuge	4	8	90-120 Sek.	85%
Hip Thrusts	4	8	90-120 Sek.	85%
Bulgarian Split Squats	4	8	90-120 Sek.	85%
Hyperextensions	4	4	90-120 Sek.	85%
Wadenheben stehend	4	4	90-120 Sek.	85%
Woche 3				
Push Tag 1				
Positives Schrägbankdrücken Langhantel	4	6	90-120 Sek.	87,5%
Schulterdrücken stehend Kurzhantel	4	6	90-120 Sek.	87,5%
Flachbankdrücken Kurzhantel	3	6	90-120 Sek.	87,5%
Seitheben	4	6	90-120 Sek.	87,5%
Butterfly	3	6	90-120 Sek.	87,5%
French Press	4	6	90-120 Sek.	87,5%
Pull Tag 1				
Klimmzüge mit Obergriff	4	6	90-120 Sek.	87,5%
Langhantel Rudern vorgebeugt	3	6	90-120 Sek.	87,5%
Latzug mit Obergriff	3	6	90-120 Sek.	87,5%
SZ-Bizepscurls	4	6	90-120 Sek.	87,5%
Facepulls	4	6	90-120 Sek.	87,5%
Hammercurls	4	6	90-120 Sek.	87,5%
Beine Tag 1				
Langhantel Kniebeuge	4	6	90-120 Sek.	87,5%
Hip Thrusts	4	6	90-120 Sek.	87,5%
Bulgarian Split Squats	4	6	90-120 Sek.	87,5%
Hyperextensions	4	6	90-120 Sek.	87,5%
Wadenheben stehend	4	6	90-120 Sek.	87,5%
Push Tag 2				
Positives Schrägbankdrücken Langhantel	4	6	90-120 Sek.	87,5%
Schulterdrücken stehend Kurzhantel	4	6	90-120 Sek.	87,5%
Flachbankdrücken Kurzhantel	3	6	90-120 Sek.	87,5%
Seitheben	4	6	90-120 Sek.	87,5%
Buuterfly	3	6	90-120 Sek.	87,5%
French Press	4	6	90-120 Sek.	87,5%
Pull Tag 2				
Klimmzüge mit Obergriff	4	6	90-120 Sek.	87,5%
Langhantel Rudern vorgebeugt	3	6	90-120 Sek.	87,5%
Latzug mit Obergriff	3	6	90-120 Sek.	87,5%
SZ-Bizepscurls	4	6	90-120 Sek.	87,5%
Facepulls	4	6	90-120 Sek.	87,5%
Hammercurls	4	6	90-120 Sek.	87,5%
Beine Tag 2				
Langhantel Kniebeuge	4	6	90-120 Sek.	87,5%
Hip Thrusts	4	6	90-120 Sek.	87,5%
Bulgarian Split Squats	4	6	90-120 Sek.	87,5%
Hyperextensions	4	6	90-120 Sek.	87,5%
Wadenheben stehend	4	6	90-120 Sek.	87,5%

Trainingstag/Übungen	Sätze	Wiederholungen	Satzpausen	Intensität (des 1-RM)
Woche 4				
Push Tag 1				
Positives Schrägbankdrücken Langhantel	4	>6	90-120 Sek.	90%
Schulterdrücken stehend Kurzhantel	4	>6	90-120 Sek.	90%
Flachbankdrücken Kurzhantel	3	>6	90-120 Sek.	90%
Seitheben	4	>6	90-120 Sek.	90%
Butterfly	3	>6	90-120 Sek.	90%
French Press	4	>6	90-120 Sek.	90%
Pull Tag 1				
Klimmzüge mit Obergriff	4	>6	90-120 Sek.	90%
Langhantel Rudern vorgebeugt	3	>6	90-120 Sek.	90%
Latzug mit Obergriff	3	>6	90-120 Sek.	90%
SZ-Bizepscurls	4	>6	90-120 Sek.	90%
Facepulls	4	>6	90-120 Sek.	90%
Hammercurls	4	>6	90-120 Sek.	90%
Beine Tag 1				
Langhantel Kniebeuge	4	>6	90-120 Sek.	90%
Hip Thrusts	4	>6	90-120 Sek.	90%
Bulgarian Split Squats	4	>6	90-120 Sek.	90%
Hyperextensions	4	>6	90-120 Sek.	90%
Wadenheben stehend	4	>6	90-120 Sek.	90%
Push Tag 2				
Positives Schrägbankdrücken Langhantel	4	>6	90-120 Sek.	90%
Schulterdrücken stehend Kurzhantel	4	>6	90-120 Sek.	90%
Flachbankdrücken Kurzhantel	3	>6	90-120 Sek.	90%
Seitheben	4	>6	90-120 Sek.	90%
Butterfly	3	>6	90-120 Sek.	90%
French Press	4	>6	90-120 Sek.	90%
Pull Tag 2				
Klimmzüge mit Obergriff	4	>6	90-120 Sek.	90%
Langhantel Rudern vorgebeugt	3	>6	90-120 Sek.	90%
Latzug mit Obergriff	3	>6	90-120 Sek.	90%
SZ-Bizepscurls	4	>6	90-120 Sek.	90%
Facepulls	4	>6	90-120 Sek.	90%
Hammercurls	4	>6	90-120 Sek.	90%
Beine Tag 2				
Langhantel Kniebeuge	4	>6	90-120 Sek.	90%
Hip Thrusts	4	>6	90-120 Sek.	90%
Bulgarian Split Squats	4	>6	90-120 Sek.	90%
Hyperextensions	4	>6	90-120 Sek.	90%
Wadenheben stehend	4	>6	90-120 Sek.	90%

Das übergeordnete Konzept des Trainingssystems, teilt die Muskelpartien des Körpers in 3 Bereiche auf. So wird differenziert zwischen der Drück- und Zieh-Muskulatur und den Beinen. Man spricht hier auch vom Push-Pull-Legs-System. Am Push/Drück-Tag wird hauptsächlich der M. pectoralis major, der M. triceps brachii sowie der M. deltoideus pars clavicularis und pars acromialis beansprucht. Der Pull/Zieh-Tag hingegen beansprucht die Antagonisten des Push/Drück Tages. So wird hier der M.biceps brachii, der M. latissimus dorsi, der M. deltoideus pars spinalis, der M. trapezius mit allen 3 Verläufen sowie auch die Mm. rhomboidei beansprucht.

Am Leg/Bein-Tag wird, der gesamte M.quadriceps femoris, der M. biceps femoris, der M, gastrocnemius, der M.gluteus maximus, sowie der M. semitendinosus uvm. trainiert. Dieses System hat den Vorteil, dass der Muskulatur ein hohes Trainingsvolumen geboten werden kann aber nicht auf die Intensität verzichtet muss, da die Muskulatur in kleinere Partien aufgeteilt wird. So läuft die Proteinsynthese der jeweils beanspruchten

Muskulatur kontinuierlich weiter ohne jedoch ein Mangel an Regeneration befürchten zu müssen. (Miller, 2007) Dieser Trainings-Split wird folglich zwei Mal pro Woche durchgeführt, wobei Sonntag der Ruhetag ist, um zum einen das zentrale Nervensystem vor Überlastung zu schützen, aber auch dem Kunden aus dem mentalen Aspekt eine Pause zu ermöglichen. Wie aus einer 2016 durchgeführten Studie hervorging geht man davon aus, dass ein Stimulus auf den Muskel, 2x pro Woche, die Hypertrophie der Muskulatur am besten fördert. (Schoenfeld, Ogborn & Krieger)

Bei der Satzanzahl wurde darauf geachtet, dass relativ große Muskelgruppen wie bspw. der M. latissimus dorsi, mit mehr Sätzen/Übungen belastet werden als kleinere Muskelgruppen. Als Obergrenze wurden hier ca. 18-27 Sätze pro Muskelgruppe/Woche festgelegt. (Heaselgrave, Blacker, Smeuninx, McKendry & Breen, 2019) Zudem wurde bei diesem Zyklus über die vierwöchige Periode eine progressive Steigerung der Intensität festgelegt, bis bei der letzten Woche eine Intensität von 90% vorliegt. Folglich werden nun detailliert alle Übungen des Mesozyklus, mit ihrem Nutzen für den Kunden aufgelistet.

Der Push Tag beginnt mit dem positiv Schrägbankdrücken mit der Langhantel. Diese Übung wurde deshalb gewählt, da so der Fokus auf dem pars clavicularis des M. pectoralis major liegt, in welchem der Kunde laut seiner Aussage ein Defizit an Größe empfindet. Dennoch arbeitet die gesamte Brust mit. Laut einer Studie von Lauver, Cayot & Scheuermann aus dem Jahr 2015, erfolgt die beste Aktivität des M. pectoralis mjaor pars clavicularis bei einem Bankwinkel von 30-45 Grad. So heißt es wörtlich: „However, a bench incline angle of 30° or 45° resulted in greater muscular activation …" Trainiert wird aber auch der M. triceps brachii und der M. deltoideus pars clavicularis, da es sich um eine Drückbewegung handelt.

Es folgt das Schulterdrücken im stehen mit 2 Kurzhanteln. Diese Übung beansprucht in dieser Variante primär den M. deltoideus pars claviculars und pars acromialis. Zudem aber auch den M. triceps brachii, da es sich um eine Drückbewegung handelt. Diese Variante ist effektiver als im sitzen wie eine Studie von Saeterbakken und Fimland (2013) belegt.

Als nächstes folgt das Flachbankdrücken mit 2 Kurzhanteln. Diese Übung beansprucht primär den pars sternocostalis des M. pectoralis major, den M. triceps brachii sowie den M. deltoideus pars clavicularis. Der Grund wieso in diesem Mesozyklus nicht zum Flachbankdrücken gegriffen wurde ist, da man in dieser Variation eine größere Bewegungsamplitude zur Verfügung hat, welche den Muskelaufbau begünstigen kann. So wurde in einer aktuellen Untersuchung aus dem Jahr 2020 festgestellt, dass eine größere Bewegungsamplitude für den Unterkörper auf jeden Fall geeigneter für Muskelaufbau ist, wohingegen es für den Oberkörper auch eine Tendenz dazu gibt. (Schoenfeld & Grgic)

Nun ist Seitheben mit 2 Kurzhanteln im Stehen an der Reihe, welches den Fokus primär auf den M. deltoideus pars acromialis und pars clavicularis legt, aber auch den M. serratus anterior beansprucht. Wichtig ist hier, dass der Kunde wirklich nur aus der Schulter arbeitet und die Hilfe des M. trapezius so wenig wie es ihm möglich ist nutzt. Wie Andersen et al. in einer im Jahr 2008 durchgeführten Untersuchung bezüglich Nackenbeschwerden festhielten, liegt beim Seitheben bei den getesteten Probanden eine sehr hohe Trapeziusaktivität vor. Dies ist Gesundheitlich zwar unbedenklich, so wird es in dieser Untersuchung sogar als präventive Maßnahme gegen Nackenbeschwerden getestet, aber für den Muskelaufbau in der Schulter ist es nicht zielführend und sollte weitgehend vermieden werden.

Es folgt daraufhin, das Butterfly für den gesamten M. pectoralis major. Diese geführte Übung wurde bewusst an der Maschine und gegen Ende des Trainings gelegt, da man hier aufgrund der Führung, weniger Gefahr läuft sich zu verletzen wie bei mehrgelenkigen Übungen mit freien Gewichten. Diese Übung eignet sich auch sehr gut, um verschiedene Intensitätsmethoden wie bspw. Drop-Sets auszuführen, da das Verletzungsrisiko sehr niedrig gehalten werden kann, und man bei Muskelversagen, die Gewichte noch eher loslassen kann als beim Bankdrücken, wo Verletzungen deutlich häufiger sind.

Als letzte Übung folgt die French Press für den M.triceps brachii auf der Flachbank. Diese Übung wurde bewusst ganz an den Schluss gelegt, da der Trizeps in allen Drück Übung involviert ist und er bei Vorermüdung nicht genügend Stabilität für andere Drück Übungen wie dem Bankdrücken gewährleisten würde. Dies würde das Risiko für Verletzungen ebenfalls unnötig steigern.

Der Pull Tag beginnt mit einer vertikalen Zugübung: den Klimmzügen mit Obergriff. Diese Variante wird von den meisten als anstrengendere Variation empfunden, was daran liegt, dass hier mehr Beanspruchung auf dem M. trapezius pars ascendens liegt, wohingegen bei der Variante mit Untergriff, M. biceps brachii und der M. pectoralis major mehr Arbeit übernehmen. Dies bestätigt eine Studie aus dem Jahr 2010: „The pectoralis major and biceps brachii had significantly higher EMG activation during the chin-up than during the pull-up, whereas the lower trapezius was significantly more active during the pull-up. "(Youdas, J. et al.) Generell werden aber, unabhängig vom Grifftyp, gleichermaßen, der M. lattisimus dorsi, der M. biceps brachii, der M. trapezius pars ascendens, sowie der M. pectoralis major, der M. external oblique, der M. infraspinatus und der M. erector spinae trainiert wie ebenfalls aus der Studie von Youdas, J. et al. hervorgeht.

Das Langhantel Rudern vorgebeugt, ist eine horizontale Zugübung und beansprucht fast die gesamte Rückenmuskulatur. So wird der M. trapezius pars transversa, der M. errector spinae und der M. infraspinatus besonders beansprucht, aber auch der M. trapezius pars descendens und der M. latissimus dorsi arbeiten hier sehr stark mit. (Edelburg et al., 2018)

Als nächstes folgt der Latzug mit weitem Oberhandgriff (Pronation) zur Brust. Wie ein EMG zeigte, bei dem 15 Männer unterschiedliche Grifftypen testeten, hat der M. latissimus dorsi sowie der M. infraspinatus, eine größere Aktivierung mit weitem Griff in der exzentrischen Phase, im Vergleich zu engeren Grifftypen.

„In the eccentric phase, there was greater activation using wide vs. narrow grip for latissimus and infraspinatus..." (Andersen, Fimland, Wiik, Skoglund & Saeterbakken, 2014) Darüber hinaus wird das ziehen zur Brust mit einer Studie aus dem Jahr 2009 begründet, bei welcher man eine signifikant höhere Aktivierung des M. pectoralis major feststellen konnte und das ziehen zum Nacken als verletzungsanfälliger bezeichnet wurde.(Sperandel, Barros, Silveira- Júnior & Oliveria) Da es jedoch explizit das Ziel ist den Latissimus zu trainieren, wurde sich für diese Variation festgelegt. Zudem wird auch der M. teres major trainiert und viele weitere Synergisten wie der M. biceps brachii, die Mm. rhomboideii, den M. brachialis oder auch den M. levator scapulae.

Daraufhin, folgt die erste Übung für den Bizeps: Die SZ-Bizepscurls. Sie wurden deshalb ausgewählt, da aufgrund der stärkeren Pronation der Handflächen, Beschwerden im Handgelenk und in der Schulter besser entgegengewirkt wird als bei Bizepscurls mit einer normalen Langhantelstange. Darüber hinaus, beansprucht diese Übung den M. biceps brachii und den M. brachioradialis mehr als mit einer herkömmlichen Langhantel Stange.(Macrolin et al., 2018) Diese Übung wurde hier an dieser Stelle des Plans eingesetzt, da der Bizeps viele Komplexe Übungen wie bspw. Klimmzüge als Synergist unterstützt, deshalb es für den Kunden von Vorteil, diese erst am Ende des Trainings zu trainieren, da hier ohnehin kein großer Muskel mehr unterstützt werden muss.

Nun folgen Facepulls. Sie sind eine exzellente Übung für eine aufrechte Körperhaltung, welche im Leben vieler Leute, suboptimal ausgeprägt ist. Diese Übung wirkt somit auch präventiv gegen Fehlhaltungen und beansprucht zum einen den M. deltoideus pars spinalis aber auch den M. trapezius, den M. teres minor und sowie den M. brachialis, den M. biceps brachii und den M. brachioradialis. Wichtig ist hier, dass die Übung mit Fokus auf die externe Rotation der Arme nach dorsal durchgeführt wird, da dies genau das ist was unsere Körperhaltung aufrichtet. Facepulls mit interner Rotation des Oberkörpers bzw. der Arme sollten vermieden werden, um der sowieso schon meist rundlichen Körperhaltung vieler Leute entgegenzuwirken.

Als letzte Übung der Trainingseinheit folgen dann Hammercurls, also Bizepscurls, bei der die Hanteln in der Neutralposition des Handgelenks nach oben geführt werden. Diese Übung beansprucht besonders den M. brachialis und den M. brachioradialis und ergänzt sich so hervorragend mit den klassischen SZ-Curls, bei denen der Fokus mehr auf dem M. biceps brachii liegt

Als nächstes folgt der Bein Tag. Dieser beginnt mit einer sehr komplexen Übung und zwar der Kniebeuge mit Langhantelstange auf dem Rücken. Die Kniebeuge ist aufgrund, der für die Ausführung benötigten hohen Körperspannung, nicht für jeden geeignet, und für Anfänger meist nicht zu empfehlen. Da der Kunde jedoch über reichlich Erfahrung verfügt und schon mehrere Jahre Kniebeugen praktiziert hat, ist diese Übung hier sehr geeignet, da sie neben dem gesamten M. quadriceps femoris, den M. glutaeus maximus, den M. adductor magnus, den M. semimembranosus, den M. semitendinosus, den M. biceps femoris, den M. gastrocnemius, den M. errector spinae, den M. rectus abdominis, sowie die gesamte Rumpfmuskulatur trainiert. Bei dieser Mehrgelenkigen Übung sollte darauf geachtet werden stets mit einem geraden Rücken zu arbeiten und auch hier wieder die gesamte Bewegungsamplitude auszunutzen, soweit es die Beweglichkeit zulässt Wie eine Untersuchung aus dem Jahre 2010 ergab, ist ein leicht breiterer Stand als Schulterbreit am idealsten für eine optimale Kraftentwicklung. (Sogabe, Iwasaki, Gallager, Edinger & Fry)

Es folgen Hip Thrusts. Hier sollte darauf geachtet werden, dass die Füße ca. im 90 Grad Winkel zum Boden stehen und dass in der maximalen Kontraktion der Oberkörper auf einer Linie mit den Oberschenkeln und der Hüfte steht. Diese Übung beansprucht primär den M.glutaeus maximus aber auch den M. quadriceps femoris sowie den M. biceps femoris. Es ist eine Übung die, vergleichsweise mit der Kniebeuge, sehr einfach durchzuführen ist und weniger anfällig für Fehlstellungen ist.

Als nächstes sind Bulgarian Split Squats an der Reihe. Hier wird ein Bein hinter den Körper auf einer etwa kniehohen Bank platziert während das andere Bein Ausfallschritte praktiziert. Optional kann man hier die Intensität mit Zusatzgewicht in Form von

Hanteln oder Widerstandbändern steigern. Hier werden ähnlich wie beim Kniebeugen große Teile des M. quadriceps femoris aktiviert aber auch der M. biceps femoris und der M. glutaeus maximus sind hier wieder involviert.

Anschließend folgen Hyperextensions. Die Ausführung erfolgt an einer ca. 45 Grad schrägen Bank. Dabei wird der Oberkörper abgesenkt, bis ein 90 Grad Winkel zwischen Torso und Oberschenkel entsteht: Danach wird der Oberkörper wieder aufgerichtet bis er in einer geraden Linie mit der Bank ist. Diese Übung beansprucht primär den M. glutaeus maximus sowie den M. biceps femoris und vor allem den M. erector spinae und wurde deshalb gewählt, da sie stark den Fokus auf den unteren Rücken legt, welcher gerade bei sitzenden Tätigkeiten oder auch beim Heben von schweren Lasten im Alltag von Vorteil sein kann. Als letzte Übung folgt das Wadenheben im Stehen. Der Grund dafür ist, dass man im Stehen den gesamten M. gastrocnemicus sowie den M. soleus trainiert, während im Sitzen lediglich der M. soleus aktiviert wird. Dies liegt daran, dass bei gebeugten Knien, der M. gastrocnemius kaum unter Spannung steht, sondern eben nur der M.soleus. Wadenheben im sitzen zu praktizieren wäre also nicht zielführend, wenn der Fokus auf einer großen und stark ausgeprägten, sichtbaren Muskulatur liegt. (Robertson, 2018) Optimal wäre es hier, in der Plantarextension und der Planterflexion ca. 2 Sekunden die Position zu halten, um die Time Under Tension auszunutzen und so einen adäquaten Reiz zu setzen. Dieser Zyklus wird nun folglich zwei Mal pro Woche trainiert, wobei die Intensität gemessen am theoretischen 1-RM kontinuierlich zunimmt.

5 Lösung Aufgabe 5 – Literaturrecherche: Effekte des Krafttraining bei Diabetes mellitus Typ-2

Tab. 6: Effekte unterschiedlicher Krafttrainingsmethoden auf Diabetes Mellitus Typ-2 (eigene Darstellung)

Wer hat die Studie durchgeführt?	Egger A, Niederseer D, Diem G, Finkenzeller T, Ledl-Kurkowski E, Forstner R, Pirich C, Patsch W, Weitgasser R, Niebauer J
In welchem Jahr wurde die Studie publiziert?	Dezember 2013
Welche Forschungsfrage wurde untersucht?	Es wurde untersucht, ob Krafttraining im Hypertrophiebereich oder doch eher Krafttraining im Kraftausdauerbereich mehr Vorteile für Patienten mit Diabetes Mellitus Typ 2 hat und was es für Effekte auf das Krankheitsbild hat.
Mit welchen Versuchspersonen wurde die Studie durchgeführt?	Mit 32 Diabetes Mellitus Typ 2 Patienten. Darunter 13 Männer rund 19 Frauen. Das Durchschnittsalter lag bei 64,8 Jahren.
Wie sah der Versuchsaufbau der Studie aus?	Die Teilnehmer wurden zufällig in eine Gruppe zugeteilt. Gruppe 1 hat für 8 Wochen ein Hypertophieprogramm vollzogen (je 2 Sätze und 10-12 Wiederholungen, bei 70% ihres individuellen 1RM.) Die zweite Gruppe hat 8 Wochen lang ein Kraftausdauertraining vollzogen (je 2 Sätze mit 25-30 Wiederholungen bei 40% ihres Individuellen 1RM.) Zusätzlich haben alle Teilnehmer 2x die Woche für je eine Stunde an einem Ausdauertraining teilgenommen. Dies vollzogen sie auf einem Fahrrad bei 70% ihrer Maximalen Herzfrequenz. Dies geschah an einem Tag an dem sie kein Krafttraining durchführten.
Welche relevanten Ergebnisse und Schlussfolgerungen liefert die Studie?	Nach achtwöchiger Durchführung gab es keinerlei nennenswerte Gruppeneffekte auf einen verbesserten Glukose- und Fruktosaminspiegel. Auch das Gewicht, BMI, Taillenumfang, subkutanes Bauchfett, Ruheherzfrequenz sowie systolischer oder diastolischer Blutdruck blieben weitgehend unverändert. Unabhängig von der Gruppe. Allerdings nahm die Muskelmasse der Arme und die gesamte körperliche Belastbarkeit signifikant zu. Die maximale Stärke der Brust wurde ebenfalls verbessert wobei die Hypertrophiegruppe einen stärkeren Anstieg aufwies als die Kraftausdauergruppe.

Tab. 7: Effekte von Krafttraining auf Muskel- und Fettmasse sowie auf den Glukosestoffwechsel (eigene Darstellung)

Wer hat die Studie durchgeführt?	Edmund Cauza, Christoph Strehblow, Sylvia Metz-Schimmerl,Barbara Strasser, Ursula Hanusch-Enserer, Karam Kostner, David Dunstan,Peter Fasching & Paul Haber
In welchem Jahr wurde die Studie publiziert?	März 2009
Welche Forschungsfrage wurde untersucht?	Es wurde untersucht wie sich progressives Krafttraining auf die Muskel- und Fettmasse bei Patienten mit Diabetes mellitus Typ 2 auswirkt. Und wie sich das ganze darüber hinaus auf den Glukosestoffwechsel sowie den Muskelquerschnitt auswirkt.
Mit welchen Versuchspersonen wurde die Studie durchgeführt?	Es nahmen 20 Personen unterschiedlichen Geschlechts teil. Das Durchschnittsalter lag bei 56,4 Jahren.
Wie sah der Versuchsaufbau der Studie aus?	4 Monate lang, absolvierten die Probanden 3-mal pro Woche ein progressives Krafttrainingsprogramm. Dabei wurde direkt nach dem Training mittels Computertomographie Muskel und Fettmasse der Probanden gemessen. Des Weiteren wurde der Glukosestoffwechsel, sowie der BMI und Hautfalten am Tag 0 sowie nach Ende des Versuchs gemessen.
Welche relevanten Ergebnisse und Schlussfolgerungen liefert die Studie?	Es zeigte sich, dass das progressive Krafttraining die Muskelkraft in allen beanspruchten Muskeln signifikant verbesserte und dementsprechend auch die Muskelmasse zunahm. Die Fettmasse konnte zudem reduziert werden. Jedoch zeigte sich keinerlei Korrelation zwischen einem größeren Muskelquerschnitt und einem verbesserten Glukosestoffwechsel.

6 Literaturverzeichnis

Andersen, L., Kjær, M., Andersen, C., Hansen, P., Zebis, M. & Hansen, K., et al. (2018, 01.Juni). Muscle Activation During Selected Strength Exercises in Women With Chronic Neck Muscle Pain. (Zugriff am 23.04.2020). Verfügbar unter https://doi.org/10.2522/ptj.20070304

Andersen, V., Fimland, M., Wiik, E., Skoglund, A. & Saeterbakken, A. (2014, April). Effects of grip width on muscle strength and activation in the lat pull-down. (Zugriff am 24.04.2020). Verfügbar unter https://www.ncbi.nlm.nih.gov/pubmed/24662157

Burd, N., Andrews, R., West, D., Little, J., Cochran, A. & Hector, A., et al. (2011, 21.November). Muscle time under tension during resistance exercise stimulates differential muscle protein sub-fractional synthetic responses in men. (Zugriff am 19.04.2020). Verfügbar unter https://www.ncbi.nlm.nih.gov/pmc/articles/PMC3285070/

Cauza, E., Strehblow, C., Metz-Schimmerl, S., Strasser, B., Hanusch-Enserer, U. & Kostner, K., et al. (2009, März). Effects of progressive strength training on muscle mass in type 2 diabetes mellitus patients determined by computed tomography. (Zugriff am 15.04.2020). Verfügbar unter https://link.springer.com/article/10.1007/s10354-009-0641-4

Edelburg, H., John, P., Porcari., Camic, C., Kovacs, A., Foster, C. & Green, D. (2018, April). What Is the Best Back Exercise? (Zugriff am 24.0.4.2020) Verfügbar unter https://www.acefitness.org/education-and-resources/professional/certified/april-2018/6959/ace-sponsored-research-what-is-the-best-back-exercise/

Egger, A., Niederseer, D., Diem, G., Finkenzeller, T., Ledl-Kurkowski, E. & Forstner, R., et al. (2012, 25.Mai). Different types of resistance training in type 2 diabetes mellitus: effects on glycaemic control, muscle mass and strength. (Zugriff am 19.04.2020). Verfügbar unter https://journals.sagepub.com/doi/10.1177/2047487312450132

Güllich, A & Schmidtbleicher, D. (1999) Struktur der Kraftfähigkeiten und ihrer Trainings-methoden. Deutsche Zeitschrift für Sportmedizin, 50(7/8), S. 229

Heaselgrave S., Blacker J., Smeuninx B., McKendry J. & Breen L. (2019 März). Dose-Response Relationship of Weekly Resistance-Training Volume and Frequency on Muscular Adaptions in Trained Men. (Zugriff am 07.05.2020). Verfügbar unter https://www.ncbi.nlm.nih.gov/pubmed/30160627

Krieger J. (2010 April). Single vs. multiple sets of resistance exercise for muscle hypertrophy: a meta analysis. (Zugriff am 19.04.2020) Verfügbar unter https://www.ncbi.nlm.nih.gov/pubmed/20300012

Lauver, J., Cayot, T. & Scheuermann, W. (2015, 23.März). Influence of bench angle on upper extremity muscular activation during bench press exercise. (Zugriff am 23.04.2020). Verfügbar unter https://www.ncbi.nlm.nih.gov/pubmed/25799093

Marcolin, G., Panizzolo, F., Petrone, N., Moro, T., Grigoletto, D. & Piccolo, D. (2018, 13.Juli). Differences in electromyographic activity of biceps brachii and brachioradialis while performing three variants of curl. (Zugriff am 24.04.2020). Verfügbar unter https://www.ncbi.nlm.nih.gov/pmc/articles/PMC6047503/

Miller, Benjamin F. (2007 April). Human Muscle Protein Synthesis After Physical Activity and Feeding. (Zugriff am 19.04.2020). Verfügbar unter https://journals.lww.com/acsm-essr/Fulltext/2007/04000/Human_Muscle_Protein_Synthesis_After_Physical.3.aspx

Justin, Robertson. (2018, 28. März). Calf Exercises: Standing Vs Seated Calf Raises. (Zugriff am 26.04.2020). Verfügbar unter https://fitnessvolt.com/21384/standing-vs-seated-calf-raise/

Saeterbakken, A. & Fimland, M. (2013, Juli). Effects of body and loading modality on muscle activity and strength in shoulder presses. (Zugriff am 23.04.2020). Verfügbar unter https://www.ncbi.nlm.nih.gov/pubmed/23096062

Schoenfeld, B. & Grgic, J. (2020, 21.Januar). Effects of range of motion on muscle development during resistance training interventions: A systematic review. (Zugriff am 23.04.2020). Verfügbar unter https://www.ncbi.nlm.nih.gov/pmc/articles/PMC6977096

Schoenfeld, B., Ogborn, D. & Krieger, J. (2016, November). Effects of Resistance Training Frequency on Measures of Muscle Hypertrophy: A Systematic Review and Meta-Analysis. (Zugriff am 25.0.4.2020) Verfügbar unter: https://www.ncbi.nlm.nih.gov/pubmed/27102172

Schoenfeld, B,. Pope, Z., Benik, F., Hester, G., Sellers, J. & Nooner, J. (2016 Juli). Longer Interset Rest Periods Enhance Muscle Strength And Hypertrophy In Resistance-Trained Men. (Zugriff am 07.05.2020) Verfügbar unter https://www.deepdyve.com/lp/wolters-kluwer-health/longer-interset-rest-periods-enhance-muscle-strength-and-hypertrophy-fExXF7uLFF

Sogabe, A., Iwasaki, S., Gallager, P., Edinger, S. & Fry, A. (2010, Januar). Influence Of Stance Width On Power Production During The Barbell Squat. (Zugriff am 26.04.2020). Verfügbar unter https://insights.ovid.com/strength-conditioning-research/jscr/2010/01/001/influence-stance-width-power-production-during/151/00124278

Sperandel, S., Barros, M., Silveria-Júunior, P. & Oliveria, C. (2009, Oktober). Electromyographic analysis of three different types o flat pull-down. (Zugriff am 24.0.4.2020). Verfügbar unter https://www.ncbi.nlm.nih.gov/pubmed/19855327

Youdas, J., Amundson, C., Cicero K., Hahn, J., Harezlak , D. & Hollman, J. (2010, Dezember). Surface electromyographic activation patterns and elbow joint motion during a pull-up, chin-up, or perfect-pullup™ rotational exercise. (Zugriff am 23.04.2020). Verfügbar unter https://www.ncbi.nlm.nih.gov/pubmed/21068680

7 Abbildungs- und Tabellenverzeichnis

7.1 Abbildungsverzeichnis

7.2 Tabellenverzeichnis